Índice

¿Quién fue Fernando de Magallanes?

Sydelle Kramer
Ilustraciones de Elizabeth Wolf

loqueleo

Para Hopey, que también ha recorrido el mundo.
S.K.
Para Bill.
E.W.

loqueleo

Título original: *Who Was Ferdinand Magellan?*
© Del texto: 2004, Sydelle Kramer
© De las ilustraciones: 2004, Elizabeth Wolf
© De la ilustración de portada: 2004, Nancy Harrison
Todos los derechos reservados.
Publicado en español con la autorización de Grosset & Dunlap, una división
de Penguin Young Readers Group

© De esta edición:
2016, Santillana USA Publishing Company, Inc.
2023 NW 84th Avenue
Miami, FL 33122, USA
www.santillanausa.com

Loqueleo es un sello editorial de **Santillana**. Estas son sus sedes:

ARGENTINA, BOLIVIA, CHILE, COLOMBIA, COSTA RICA, ECUADOR, EL SALVADOR,
ESPAÑA, ESTADOS UNIDOS, GUATEMALA, MÉXICO, PANAMÁ, PARAGUAY, PERÚ,
PUERTO RICO, REPÚBLICA DOMINICANA, URUGUAY Y VENEZUELA.

¿Quién fue Fernando de Magallanes?
ISBN: 978-1-63113-846-1

Printed in the United States of America
by Whitehall Printing Company

20 19 18 17 16   1 2 3 4 5 6 7 8 9 10

¿Quién fue
Fernando de Magallanes?

Imagina cómo eran los tiempos en que nadie sabía con seguridad si la Tierra era redonda…, cuando se creía que si un barco navegaba muy lejos podía llegar al borde y caer. Imagina cómo eran los tiempos en que muchos no sabían que existía el Océano Pacífico. Viaja 500 años atrás en el tiempo, cuando aún había continentes enteros sin descubrir, cuando se pensaba que la Tierra era muy pequeña y que había monstruos en los mares. A pesar de todo esto, un hombre decidió navegar por mares desconocidos y descubrir lo que había más allá.

No fue el primero en hacer este peligroso viaje, pero llegó más lejos que donde antes se había llegado, y su viaje duró más que el de cualquier otro. Por su inteligencia y su valentía, se le recuerda por ser el primer hombre que circunnavegó el planeta, o sea, que le dio la vuelta completamente.

¿Quién fue este hombre?

Fernando de Magallanes.

Capítulo 1
El niño se hace hombre

Un día, alrededor de 1480, nació en Portugal, en la familia Magallanes, un niño al que llamaron Fernando. Los Magallanes pertenecían a la nobleza, pero tenían poco dinero y poder. Tenían una granja lejos del mar. Fue allí donde creció Fernando, el más pequeño de los tres hijos. La casa no era nada lujosa:

la familia vivía en el piso de arriba, y sus vacas, cabras, ovejas y gallinas vivían abajo.

La vida de Fernando cambió alrededor de cuando cumplió 12 años. Leonora, la entonces reina de Portugal, necesitaba pajes. Los pajes eran muchachos que trabajaban para la familia real como mensajeros y mandaderos. A Fernando lo escogieron para ser paje. Los pajes no sólo trabajaban. Además, recibían buena educación y conocían a las personas más importantes del reino. Un niño inteligente podía aprovechar este trabajo como su primer peldaño hacia el éxito.

Paje

Fernando partió entonces de su casa para ir a vivir a Lisboa, la capital de Portugal. El chico, que jamás había visto el océano, se encontraba ahora en una ciudad costera. ¡Qué lugar! El puerto de Lisboa estaba atestado de hermosos barcos y sus muelles estaban llenos de bienes que llegaban de puertos lejanos. Había oro y seda. Y también había especias, como pimienta, clavo, jengibre, nuez moscada y canela. Las especias eran muy valiosas porque se usaban para hacer cerveza. También servían para mejorar el sabor de las carnes y otros alimentos. Lo más importante era que ayudaban a preservar la comida.

Las especias eran muy costosas. Esto se debía a que la mayoría venían de Asia, a miles de millas de Portugal. Se cultivaban en países como la India y en

Pimienta

Clavos

Jengibre

Canela

Nuez moscada

lugares que hoy son Sri Lanka e Indonesia. Las islas
Molucas, de Indonesia, eran las tierras más ricas en

especias. Sin embargo, el viaje entre Europa y estas islas era difícil y peligroso.

En los tiempos de Fernando, sólo existía una ruta para transportar especias desde aquellos lugares remotos. Se llamaba la Ruta de las Especias, y era un

largo camino que recorría tierra y mar, a través de varios lugares de Asia (donde se cultivaban las especias), el Océano Índico y el Medio Oriente, hasta la ciudad de Venecia.

RUTA de las ESPECIAS

ASIA

ISLAS de las ESPECIAS

...NO

...DICO

Durante 800 años, los árabes controlaron la Ruta de las Especias. En equipo con sus socios comerciales en Venecia, los árabes vendían estos preciados bienes a precios muy altos.

Pero, ¿qué pasaría si otro país encontrara otra ruta para ir a Asia? Podría, entonces, obtener especias por su propia cuenta. Podría hacer una fortuna. Sin embargo, la nueva ruta tendría que ser solamente por mar, pues era la única manera de evitar tener que pasar por tierras árabes.

Los portugueses querían apoderarse del comercio de especias. Por eso, desarrollaron una poderosa armada. Desde mediados del siglo XV, habían estado enviando barcos a explorar para encontrar una ruta marina directa a Asia.

España buscaba la misma ruta y también tenía una armada poderosa.

Cristóbal Colón

En 1492, más o menos por la misma época en que Fernando se convirtiera en paje, los reyes de España enviaron a Cristóbal Colón a realizar un viaje a través del Océano Atlántico para llegar hasta Asia. Sin embargo Colón vino a parar a América.

Los barcos de Colón

La Santa María   La Pinta   La Niña

Hacia 1494, la competencia entre Portugal y España era tan intensa que por poco entran en guerra. Sin embargo, los dos países decidieron dividir el mundo por la mitad. Dibujaron una línea en el medio de un mapa. España podía quedarse con las tierras que estaban al oeste de la línea. Portugal podía quedarse con las tierras que estaban al este. También acordaron no navegar jamás por el territorio del otro.

Fue probablemente por esta época que el joven

Fernando decidió convertirse en explorador. Era natural, pues el palacio de la reina de Portugal estaba cerca del puerto y desde ahí Fernando veía todo el tiempo los hermosos barcos que llegaban y se iban. En el palacio se hablaba todo el tiempo de los grandes capitanes y de la fama y las riquezas que se obtenían con las especias. Los padres de Fernando había muerto, así que ya no tenía motivo para regresar a su tierra natal. Puso su fe en Dios, convencido de que su destino era viajar por el mar.

PORTUGAL y ESPAÑA

¿QUIÉN IMPIDIÓ LA GUERRA ENTRE PORTUGAL Y ESPAÑA EN 1494? EL PAPA ALEJANDRO VI. EL PAPA TENÍA EL PODER PARA HACERLO, PUES AMBOS PAÍSES ERAN GOBERNADOS POR REYES CATÓLICOS, DE MANERA QUE NINGUNO RECHAZÓ SU IDEA PARA TERMINAR CON EL CONFLICTO. EL PAPA LE DIO A ESPAÑA UNA MITAD DEL MUNDO, Y A PORTUGAL, LA OTRA MITAD.

Papa Alejandro VI

En 1496, Fernando tenía 16 años y trabajaba como funcionario del gobierno. Ayudaba a organizar los viajes a Asia de grandes capitanes, como Vasco de Gama. Fue de Gama quien, en 1498, hizo el gran descubrimiento de una ruta marítima a la India. Ahora, Portugal ya no necesitaba hacer negocios con los árabes. Podía comprar las especias por sí solo. Vasco de Gama se convirtió en un héroe nacional, y

Portugal comenzó a construir fuertes y oficinas comerciales en las costas de África y la India.

Fernando anhelaba navegar a Asia. Todo el tiempo salían barcos llevando cientos de marineros a bordo, pero Fernando no lograba convencer a nadie de que lo llevara. Fernando hacía bien su trabajo, pero no conocía a las personas apropiadas; gente con poder. Para empeorar las cosas, no le caía bien a Manuel, el nuevo rey de Portugal. Los historiadores no saben exactamente por qué, aunque algunos piensan que el rey era un presuntuoso, que veía al joven Fernando como un pueblerino insignificante.

Manuel no se daba cuenta de que Fernando tenía una voluntad de hierro y un alma valiente. Ni siquiera un rey podía detenerlo.

La ERA de las EXPLORACIONES

EN 1416, UN GRAN PRÍNCIPE DE PORTUGAL LLAMADO ENRIQUE EL NAVEGANTE ALENTÓ A LOS CAPITANES DE BARCO A DESCUBRIR NUEVOS PAÍSES Y A APRENDER NUEVAS COSAS SOBRE EL MUNDO. QUERÍA QUE PORTUGAL GOBERNARA TODAS LAS NUEVAS TIERRAS Y SE CONVIRTIERA EN LA MAYOR POTENCIA MUNDIAL.

LOS EXPLORADORES PORTUGUESES COMENZARON A NAVEGAR POR EL ATLÁNTICO HACIA EL SUR, Y RECORRIERON LA COSTA OESTE DE ÁFRICA. MÁS TARDE, EN 1488, CUANDO FERNANDO DE MAGALLANES TODAVÍA ESTABA EN LA ESCUELA, BARTOLOMEO DIAS LLEGÓ HASTA EL EXTREMO SUR DE ÁFRICA. LO QUE SEGUÍA ERA CONTINUAR POR ESA MISMA RUTA HASTA LLEGAR A ASIA. ASÍ SE DIO COMIENZO A LA ERA DE LAS EXPLORACIONES. VASCO DE GAMA LLEGÓ A LA INDIA EN 1498.

Príncipe Enrique, el Navegante

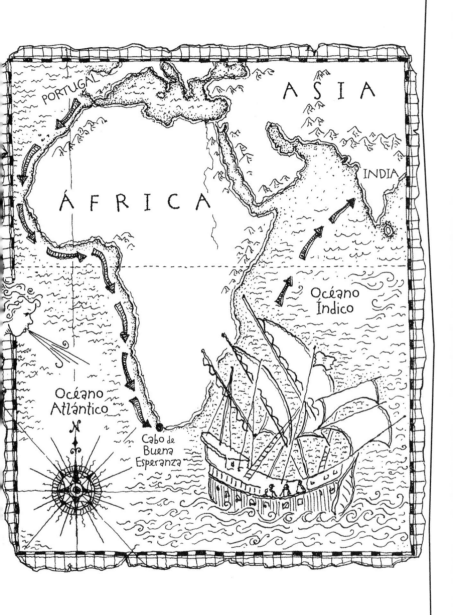

Capítulo 2
Un héroe de guerra

Muy pronto, los portugueses se dieron cuenta de que los árabes no iban a renunciar tan fácilmente a su negocio de especias. En 1505, la armada árabe atacó barcos portugueses. El rey Manuel respondió el ataque. Le ordenó a su flota que controlara todas las rutas marítimas en el Océano Índico.

Portugal estaba entrando en guerra, y Fernando decidió que quería participar en la misma. No recibiría ni un centavo por arriesgar su vida. Aun así, si se hacía soldado, tendría la oportunidad de irse. Sus creencias religiosas siempre habían sido fuertes, y ahora creía que Dios lo iba a proteger. Encima de todo, con suerte, podría obtener fortuna y fama.

La primera parada fue en el este de África. Luego llegó a la India. En varias batallas sangrientas, Fernando aprendió a ser un soldado valiente y cruel.

A pesar de su baja estatura, era resistente, fuerte y de mente rápida. Confiaba tanto en su propio instinto, que nunca le pasó por la mente dudar de sí mismo. Tenía un talento nato para el liderazgo.

Fernando fue ascendido a teniente en 1509. Poco después, en una batalla en la costa india, resultó herido. Su lesión fue tan grave que estuvo hospitalizado casi cinco meses. Su recompensa fueron 25 sacos de trigo. No era mucho, pero a él no le importó. Regresó al mar tan

pronto como se recuperó. Con mucha valentía, rescató marineros que estaban en poder del enemigo y capturó piratas chinos. En reconocimiento a su heroísmo, fue ascendido a capitán.

En 1513, Fernando ya había regresado a Lisboa. A pesar de sus victorias militares, era tan pobre como

antes, y casi igual de desconocido. Encontró una ciudad entusiasmada con los nuevos negocios, llena de hombres ricos. Fernando no tenía nada, excepto, su sueño.

Tenía 33 años, y quería ser el capitán de un barco que viajara a Asia. Estaba seguro de que podría encontrar una ruta rápida. Necesitaba que algún rico le comprara un barco, pero nadie accedía a hacerlo.

Fernando no entendía por qué. Era valiente y seguro de sí mismo. Había demostrado ser un líder. Tenía facilidad con el mar, el viento y las estrellas. Era un gran navegante. ¿Por qué nadie, entonces, quería darle una oportunidad?

Quizás se debía a que Fernando a veces le caía mal a la gente. Era solitario y mantenía su distancia. Era rudo y brusco, y casi no se le veía sonreír. Era bajito y moreno, y no parecía ser atractivo. Su aspecto no inspiraba confianza. Quienes no lo conocían no se daban cuenta de sus grandes capacidades.

Un hombre menos decidido probablemente se hubiera rendido. Fernando no lo hizo. Volvió a enlistarse en el ejército para demostrar su valor. En 1515, terminó su carrera militar. Lo hirieron en la rodilla con una lanza. Fernando quedó cojo por el resto de su vida.

Su futuro se veía muy mal. Tenía 35 años, era cojo y bastante impopular. Lo llamaban "Pie torcido" a sus espaldas. Sólo tenía una salida: rogarle al rey de Portugal que le diera un barco y lo dejara navegar rumbo a Asia.

Capítulo 3
Un nuevo rey lo escucha

Lisboa, octubre de 1516. Fernando descubrió que la ciudad que él una vez había amado se había convertido en un lugar solitario. Nadie lo trataba como un héroe de guerra. Sus padres habían muerto hacía varios años, y no tenía ni esposa ni hijos. Fernando sentía que no tenía nada en la vida, aparte de sus creencias religiosas. Su mejor —y probablemente único— amigo era su esclavo.

Desesperado, Fernando fue a la corte del rey Manuel. Cuando Fernando se arrodilló frente al monarca, éste le dijo que en lo que a él le concernía, podía mudarse a otro país, si así lo deseaba. "Ve a servir a quien quieras, Pie torcido", le dijo el rey. "Nos es indiferente

Rey Manuel

lo que hagas." Era un insulto muy fuerte. De todos modos, él era el Rey. Según la tradición, Fernando tenía que besarle la mano antes de marcharse. Cuando Fernando se acercó para besarle la mano, el rey la retiró y la escondió detrás de su espalda. Fernando, que estaba apoyado en su pierna enferma, perdió el equilibrio y estuvo a punto de caerse.

La carrera de Fernando en Portugal se había terminado. Ahora lo entendía claramente. Sin embargo, pensó que si el rey de su propio país no lo quería

enviar a navegar, quizás otro rey sí lo haría: el rey de España. El país enemigo de Portugal tenía muchas ansias de expandir su negocio de especias. Un capitán español había tratado, sin éxito, de encontrar una ruta marítima a Asia. Ésta era la oportunidad para Fernando.

Fernando creía saber la manera de llegar a las islas Molucas, las joyas de Asia, usando una nueva ruta. Su plan era viajar hacia el sudoeste cruzando el Atlántico y bordear la punta sur del Nuevo Mundo.

Navegaría sólo por la mitad española del mundo y no pasaría por ninguna ruta controlada por Portugal. El problema estaba en que muy poca gente creía que se pudiera llegar a las Molucas por el oeste. Fernando sí lo creía posible.

Fernando sabía que en 1513 el explorador español Vasco Núñez de Balboa, desde una montaña situada en la costa oeste de Sudamérica,

Vasco Núñez de Balboa

había divisado un gran océano, al cual llamó "Mar del Sur" (hoy lo conocemos como Océano Pacífico). Además, había un rumor de que existía un estrecho, un cuerpo de agua angosto que los españoles llamaban "el paso". Se decía que el paso corría a través del extremo sur de América y conectaba el Océano Atlántico con este Mar del Sur. En base a mapas que había observado e historias que había escuchado, Fernando creía que las Molucas estaban muy cerca del punto donde el paso desembocaba en el mar.

Ningún explorador había encontrado todavía dicho estrecho. Quien lo lograra, podría tomar posesión de las Molucas en nombre de España, junto con una nueva ruta comercial que podrían usar los barcos españoles. Este hombre se haría más rico de lo que pudiera imaginar. Además, pondría en ridículo al rey de Portugal.

Fernando se conectó con Diego Barbosa, un rico mercader que también había llegado a España huyendo de Portugal. Con su ayuda, Fernando logró que un obispo, un banquero y otro mercader —todos españoles— invirtieran en su expedición. Era un buen comienzo, pero necesitaba más dinero. El único hombre que era lo suficientemente rico como para proporcionarlo era el rey de España. Pero, ¿lo haría? Nadie lo sabía. Carlos I acababa de subir al trono. Tenía tan sólo

Rey Carlos I

Fernando y Beatriz

17 años; todavía era un niño, sin experiencia en el poder. Además, desconfiaba de cualquiera que fuera portugués.

Fernando pensaba que este rey no podía tratarlo peor de lo que ya lo había tratado el rey Manuel. Así que, en octubre de 1517, partió de Portugal para siempre y se fue a vivir a España. Allí se casó con la hija de Diego Barbosa, Beatriz. Él era mucho mayor que ella, y ella era mucho más rica que él.

Al poco tiempo, Fernando se presentó en la corte española. Poco importaba allí si era o no un hombre encantador. Lo que el rey buscaba era un capitán audaz y experimentado. Nadie estaba mejor capacitado que Fernando. El rey quedó impresionado cuando Fernando le mostró un globo terráqueo de cuero, pintado a mano, en el cual trazó pacientemente su ruta. Portugal no iba a poder interferir, insistió, ya que Fernando no estaría navegando en sus aguas. Las Molucas, le aseguró Fernando al rey, están en territorio español.

GLOBOS Y MAPAS

DURANTE CIENTOS DE AÑOS, ANTES DE
LOS TIEMPOS DE MAGALLANES, LOS EUROPEOS
PENSARON QUE LA TIERRA ERA PLANA. HASTA
QUE LOS VALIENTES EXPLORADORES DEL SIGLO
XV HICIERON CARTAS NÁUTICAS Y MAPAS DE
LOS LUGARES QUE IBAN VISITANDO. ENTONCES,
COMENZARON A DESCUBRIR EL VERDADERO TAMAÑO
Y LA VERDADERA FORMA DE LA TIERRA.

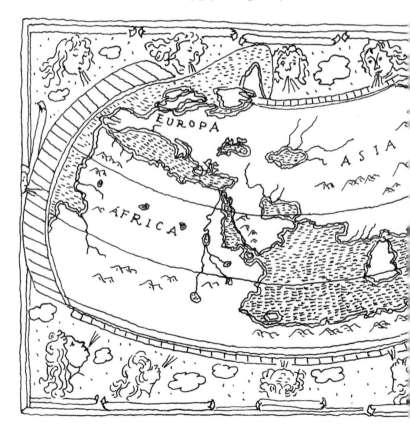

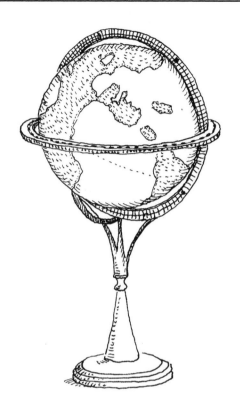

EL PRIMER MAPA QUE INCLUYÓ EL NUEVO MUNDO FUE PUBLICADO EN 1507, Y EL PRIMERO QUE MOSTRÓ LA REDONDEZ DE LA TIERRA APARECIÓ EN 1508. MAGALLANES ACUDIÓ A SU REUNIÓN CON EL REY DE ESPAÑA LLEVANDO UN GLOBO TERRÁQUEO DE CUERO, PINTADO A MANO. ESTE GLOBO AYUDÓ A CONVENCER AL REY DE QUE FINANCIARA EL VIAJE. NO OBSTANTE, MUCHOS DE LOS MISMOS HOMBRES DE MAGALLANES CREÍAN QUE ESTABAN CONDENADOS AL EMBARCARSE PARA, NAVEGAR HASTA EL BORDE DE LA TIERRA.

Al rey niño le cayó bien este portugués moreno y serio, que hablaba de su sueño con tanta pasión. En 1518, nombró a Fernando capitán general del viaje a las islas Molucas. Tenía que pagar por cinco barcos con suficientes provisiones para un viaje de dos años. Para oficializar el negocio, el rey y Fernando firmaron un contrato, según el cual Fernando sería nombrado gobernador de cualquier isla que descubriera. Además, recibiría dos islas, si descubría más de seis. También recibiría una parte de las ganancias del viaje. Si la expedición tenía éxito, Fernando se convertiría en uno de los hombres más ricos y poderosos de Europa.

Fernando había esperado toda su vida por esta oportunidad.

Capítulo 4
Alistándose para zarpar

Ahora venía lo más difícil. Por más que quisiera, Fernando no podía partir de inmediato. Había que encontrar y reparar las naves, y luego equiparlas con provisiones. Tenía que contratar a toda la tripulación, incluyendo los cuatro capitanes que navegarían bajo su mando. Él sabía que tenía que ser paciente y estar preparado para cualquier cosa. Al fin y al cabo, en aquel tiempo no había teléfonos ni radios, ni brigadas de rescate. En caso de una emergencia, él y sus hombres tendrían que arreglárselas por su propia cuenta.

Fernando trazó un plan. Primero, consiguió los barcos. Uno que se llamaba *Trinidad* sería el suyo. Los otros cuatro —*San Antonio, Concepción, Victoria* y *Santiago*— estarían comandados por sus capitanes.

Eran naves pequeñas. La más grande medía menos de 80 pies (ni siquiera la distancia entre el plato donde se para el bateador y la primera base). El problema más grande era la condición de los barcos: eran de segunda mano y estaban viejos. Los mástiles eran inestables; las velas estaban rasgadas y la tela era tan vieja que se deshacía con facilidad. Además, estaban hechos de una madera tan podrida que daba la impresión que una enorme ola podría llegar a hundir los cinco barcos.

Fernando mandó reparar las naves. Luego, buscó las cartas náuticas y los mapas que necesitaba para planear su ruta con exactitud. Sin embargo, no encontró casi nada. Él y sus hombres serían los primeros europeos en navegar por muchos de esos lugares. Gran parte del tiempo, avanzarían a ciegas.

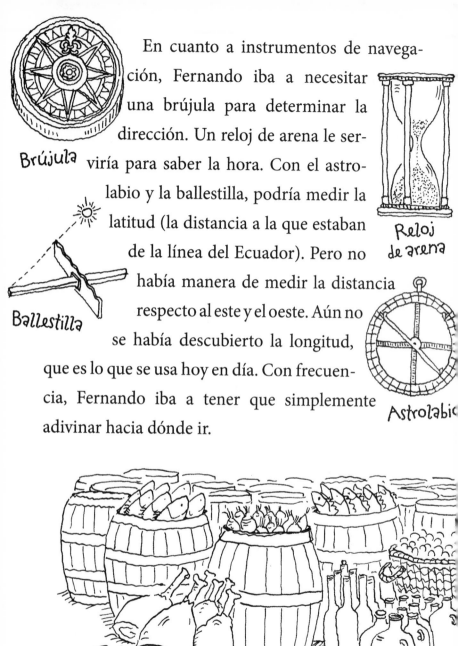

Brújula

En cuanto a instrumentos de navegación, Fernando iba a necesitar una brújula para determinar la dirección. Un reloj de arena le serviría para saber la hora. Con el astrolabio y la ballestilla, podría medir la latitud (la distancia a la que estaban de la línea del Ecuador). Pero no había manera de medir la distancia respecto al este y el oeste. Aún no se había descubierto la longitud, que es lo que se usa hoy en día. Con frecuencia, Fernando iba a tener que simplemente adivinar hacia dónde ir.

Reloj de arena

Ballestilla

Astrolabio

También estaba el tema de la comida y la bebida que se debían llevar en un viaje tan largo. Como no había manera de mantener los alimentos fríos, sólo se podía llevar comida que resistiera mucho tiempo sin dañarse. Fernando decidió llevar 21,120 libras de queso, 570 libras de carne en conserva, 1,700 libras de pescado seco, 6,060 libras de tocino, 72,000 libras de carne curada en sal y 200 barriles de sardinas. Eso no era todo. También se embarcaron 1,512 libras de miel, 3,200 libras de pasas, 21,383 libras de galletas, 4,700 libras de aceite de oliva, 10,080 libras de garbanzos y 5,600 libras de frijoles. También llevaron arroz, lentejas, cebollas, ajos, azúcar, sal, harina, aceitunas, higos, nueces y vino. Todo fue almacenado en barriles y canastas.

También llevaron herramientas, por si era necesario hacerles reparaciones a los barcos. Además, embarcaron repuestos de todo tipo por si algo se averiaba: madera, jarcias, lienzo para nuevas velas, barriles de brea, piezas de metal y trozos de piedra.

Pero Fernando fue más allá: también se preparó para la batalla. Quería tener capacidad de responder a algún ataque de piratas, barcos enemigos o indígenas hostiles. Armó cada barco con 12 cañones. Luego, compró 6,000 libras de pólvora, 60 ballestas y 4,300 flechas, 1,000 lanzas largas, 120 lanzas cortas, 206 picas, 1,140 dardos, 200 escudos, 100 armaduras, 100 cascos y 125 espadas. Fernando estaba listo para la guerra. Sin embargo, no quería luchar a menos que tuviera que hacerlo.

Ballesta

Lanza y escudo

ARMADURAS

EN LA EDAD MEDIA, LOS CABALLEROS (SOLDADOS) VESTÍAN CAMISAS HECHAS CON CADENAS ENTRETEJIDAS LLAMADAS MALLAS, PARA PROTEGERSE DURANTE LA BATALLA. EL PROBLEMA ERA QUE ESTAS MALLAS NO BLOQUEABAN EL PASO DE FLECHAS, LANZAS Y ALGUNAS ESPADAS. POR ESO, SE COMENZARON A USAR LAS ARMADURAS CON PLACAS DE METAL. EN EL SIGLO XV, EXISTÍAN YA LOS TRAJES COMPLETOS, QUE CUBRÍAN DE LOS PIES A LA CABEZA. (LOS SOLDADOS MÁS POBRES A VECES LES ROBABAN LAS COSTOSAS ARMADURAS A LOS SOLDADOS MUERTOS.)

UNA ARMADURA COMPLETA CONSTABA DE VARIAS PLACAS Y PODÍA PESAR HASTA 60 LIBRAS. MOVERSE CON UNA ARMADURA ERA DIFÍCIL, ADEMÁS DE INCÓMODO, ESPECIALMENTE EN LOS CLIMAS CÁLIDOS. DURANTE EL SIGLO XVI, A MEDIDA QUE LAS PISTOLAS Y LOS CAÑONES COMENZARON A REEMPLAZAR LAS ESPADAS Y LAS LANZAS EN EL CAMPO DE BATALLA, LAS ARMADURAS DEJARON DE USARSE, PUES YA NO SERVÍAN PARA PROTEGER A LOS SOLDADOS.

yelmo
visor
visera
ristre
peto
faldón
guantelete
quijote
rodillera
greba
escarpín

También empacó algunos regalos para dar o intercambiar con los indígenas: 1,000 espejos, 600 tijeras, 1,800 cascabeles, 10,500 anzuelos, 4,800 cuchillos, 550 libras de cuentas de vidrio, 1,500 peines, 4,000 pulseras, entre otras cosas.

La tarea más difícil fue contratar la tripulación. No había muchos hombres dispuestos a tomar tal trabajo. No es de extrañar, pues tenían que firmar un contrato por dos años y el hermético Fernando se negaba a decir para dónde irían. No se enterarían hasta que estuvieran ya en alta mar. Lo único que sabían con seguridad era que el viaje sería peligroso. Podrían ser tomados como prisioneros o naufragar. Podrían morir de alguna enfermedad o ahogados.

Al final, Fernando encontró a 277 hombres dispuestos a correr todos los riesgos. Entre ellos había criminales fugitivos y hombres desesperados por el dinero. Había de todos los lugares del mundo: Portugal, España, Holanda, Alemania, Italia, Francia, Irlanda, Grecia, Inglaterra, Asia, África, entre otros.

PIGAFETTA

UNO DE LOS HOMBRES QUE RECLUTÓ FERNANDO PARA SU TRIPULACIÓN FUE UN CABALLERO ITALIANO LLAMADO ANTONIO PIGAFETTA. FUE UNA DECISIÓN INTELIGENTE. PIGAFETTA NO TENÍA EXPERIENCIA COMO MARINERO, PERO ERA UN HOMBRE EDUCADO, CON HABILIDAD PARA LOS IDIOMAS. CUANDO LOS BARCOS ATRACABAN EN TIERRAS EXTRANJERAS, FERNANDO SOLÍA ENVIAR A PIGAFETTA A HABLAR CON LOS NATIVOS DEL LUGAR. MUY PRONTO, PIGAFETTA SE CONVIRTIÓ EN UNO DE LOS SEGUIDORES MÁS FIELES DE FERNANDO. LA RAZÓN POR LA CUAL LOS HISTORIADORES SABEN TANTO ACERCA DEL VIAJE DE FERNANDO ES PORQUE PIGAFETTA LLEVÓ UN DIARIO, QUE TODAVÍA SE CONSERVA.

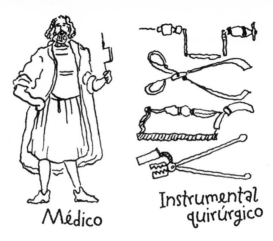

Médico

Instrumental
quirúrgico

La mayoría eran marineros, pero algunos eran trabajadores especializados, como carpinteros, cocineros, herreros, fabricantes de velas y pilotos de barco. También había oficiales experimentados, así como un médico y un sacerdote.

Encontrar a los capitanes fue complicado. Fernando quería contratar hombres conocidos, camaradas portugueses en los que pudiera confiar. Pero a dos de sus inversionistas españoles no les gustaba la idea. Si los capitanes eran amigos de Fernando, éste tendría demasiado poder. Además, pensaban que el rey le había prometido a Fernando más dinero del que merecía, así que decidieron deshacerse de él. Lo obligaron a contratar a tres capitanes españoles, que en realidad trabajaban para ellos. El plan era matar a Fernando cuando estuvieran en alta mar.

Como si eso fuera poco, el rey Manuel de Portugal se enteró de los planes de Fernando, y se enfureció.

El rey nunca esperó que Fernando tuviera suerte en España. Ahora, como la había tenido, lo acusaba de traidor. El rey estaba resuelto a hacer todo lo posible para que el viaje fracasara.

Pasó un año y medio antes de que los barcos estuvieran listos para partir. Por fin, llegó el momento con el que Fernando había soñado desde niño. Era el capitán general de una expedición, y eso era lo único importante. Ni siquiera importaba tanto su joven esposa, ni su hijo recién nacido. Tampoco el peligro de aguas desconocidas. Ni muchos menos las amenazas del rey Manuel. A Fernando ni siquiera le preocupaba el nicho de enemigos que lo acompañaría a bordo.

Fernando estaba seguro de que al otro lado del mar lo esperaba la riqueza, la fama y la gloria.

Capítulo 5
Aguas difíciles

Era el martes 20 de septiembre de 1519. Los cinco barcos de Fernando estaban listos para el gran viaje. En un puerto llamado Sanlúcar de Barrameda, cerca

de la gran ciudad española de Sevilla, él y su tripulación de cerca de 300 hombres se despidieron de la multitud. Se hicieron disparos al aire y se elevaron las velas. Un fuerte viento empujó las naves hacia el Atlántico. A medida que se alejaban, los hombres a bordo pensaban en todas las riquezas que esperaban descubrir. Sus familiares, por otro lado, se preguntaban si los volverían a ver algún día.

La primera parada fue en las Islas Canarias, al sur de España. Tan pronto como atracaron, Fernando

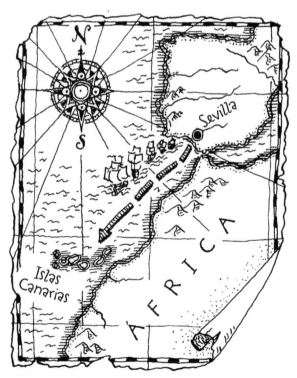

recibió un mensaje secreto. ¡Eran malas noticias! Los tres capitanes españoles estaban confabulando para matarlo. Pero eso no era todo: el rey Manuel de Portugal había enviado unos barcos a buscarlo.

Fernando había pasado por cosas peores. No tuvo miedo. En lugar de lanzarse a luchar, usó el cerebro. Para confundir a los capitanes españoles, fingió estar de acuerdo con todo lo que le decían. Para escapar de los barcos portugueses, dio la orden de navegar hacia el sur, a lo largo de la costa africana. Nadie hubiera imaginado que Fernando tomaría esa ruta.

Los barcos de Fernando se dirigieron hacia el Ecuador por aguas tranquilas. Pero una terrible tormenta se desató cerca de lo que hoy es el país de Sierra Leona. Llovía torrencialmente. Los relámpagos cruzaban el cielo. Lo peor de todo eran los fuertes vientos, tan intensos que hacían ladear las naves.

La tripulación estaba asustada. Parecía que la punta de los mástiles y las jarcias se hubieran incendiado.

¿Qué estaba sucediendo? Los hombres lloraban y rezaban. Las llamas desaparecían como por arte de magia... y luego reaparecían, una y otra vez. Sin embargo, ¡nada se quemó! Se dieron cuenta de que se trataba del fuego de San Telmo. Hoy sabemos que son luminosidades producidas por descargas eléctricas. Para Fernando y sus hombres, el fuego de San Telmo era una señal de que este santo los protegería. Sobrevivirían, pasara lo que pasara.

La tormenta continuó por dos semanas. Luego, por fin, las olas se calmaron. Fernando vio pájaros volando sobre su cabeza y peces saltando en el agua, pero no se atrevió a relajarse. Sabía que estaba por desatarse otra tormenta; esta vez, a bordo del barco. Uno de los capitanes españoles, Juan de Cartagena, estaba planeando un motín, una rebelión en el mar. No obstante, Fernando era demasiado astuto para permitir que eso sucediera.

Un día de noviembre se reunió con todos sus capitanes. Cartagena anunció que no obedecería órdenes. Lo único que Fernando hizo fue levantar la mano. ¡Era una señal! La puerta se abrió de repente y marineros armados entraron rápidamente. Agarraron a Cartagena, lo arrastraron por la cubierta y lo encadenaron. Los otros dos capitanes se dieron cuenta de que Fernando había sido más inteligente que ellos. Sin disparar ni un solo tiro, Fernando había frustrado el motín.

Ahora sí podía disfrutar el buen tiempo. Se estaban acercando al Ecuador, y el aire era cálido. Los hombres tomaban el sol en la cubierta. Los barcos, que habían quedado empapados después de la tormenta, por fin se secaron. Luego, las cosas comenzaron a salir mal nuevamente.

El viento dejó de soplar. Las velas permanecieron planas día y noche. Las naves prácticamente no se movían, y el mar parecía lodo. El sol calentó con tanta intensidad que algunas tablas se rompieron y la

— Las calmas ecuatoriales —

brea se derritió. Mucha comida se estropeó, y el agua comenzó a agotarse. Los hombres se desmayaban. Y algunos tiburones comenzaron a nadar alrededor de los barcos, ansiosos por matar.

Estaban pasando por la zona de las calmas ecuatoriales, una parte del Océano Atlántico donde no sopla el viento. Durante 20 días, no sopló ni una suave brisa. La tripulación culpaba a Fernando. Habían llegado a este horrible lugar siguiendo sus órdenes. Quizás los capitanes españoles tenían razón: deberían

Los BARCOS de la ÉPOCA

LOS BARCOS DE FERNANDO NO TENÍAN NADA DE ESPECIAL, A PESAR DE ESTAR HACIENDO UN VIAJE DE MILES DE MILLAS. COMO TODOS LOS BARCOS DE LA ÉPOCA, ESTABAN HECHOS DE BURDAS TABLAS DE MADERA QUE NO ENCAJABAN PERFECTAMENTE UNAS CON OTRAS. PARA EVITAR LAS FILTRACIONES, LOS ESPACIOS ENTRE LAS TABLAS SE RELLENABAN CON CÁÑAMO (CON LO QUE SE HACEN LAS CUERDAS) Y LUEGO SE CUBRÍAN CON BREA. SIN EMBARGO, EL AGUA DEL MAR SIEMPRE TERMINABA POR COLARSE. LA BODEGA DE LOS BARCOS (EL FONDO) ESTABA PERMANENTEMENTE INUNDADA. LOS TRES MÁSTILES QUE SOSTENÍAN LAS VELAS TAMBIÉN ERAN DE MADERA. NO EXISTÍAN LOS MOTORES, DE MANERA QUE SI NO HABÍA VIENTO O SI LAS VELAS SE ROMPÍAN O LOS MÁSTILES SE CAÍAN, LOS BARCOS NO PODÍAN AVANZAR.

amotinarse. Fernando captó la rabia de los marineros y se apartó. Durante días, no quiso ver a nadie. Sólo esperaba a que el viento regresara.

El día 21, pequeñas ráfagas de viento crearon rizos en el agua. Las ráfagas se convirtieron en brisa, y la brisa hinchó las velas. Los barcos comenzaron a moverse. Por fin, iban rumbo a Sudamérica. Allí comenzarían a buscar el paso.

Nadie volvió a hablar de motines. La tripulación no veía la hora de llegar a tierra, pues la vida en un barco por aquellos tiempos era difícil. Los marineros no tenían privacidad; ni siquiera había habitaciones.

Dormían todos apiñados en cubierta. Cuando oscurecía, ratas y cucarachas caminaban sobre sus cuerpos. Cuando llovía, la tripulación y todas sus pertenencias se empapaban.

La cubierta no era sólo el dormitorio; también era la cocina. A pesar de que el barco era de madera, se cocinaba en cubierta sobre fuego. El viento arrastraba cenizas calientes y avivaba las llamas, por eso junto al fuego siempre había barriles con agua, por si se iniciaba un incendio. La comida se servía en tandas, y no se usaban cubiertos. Los marineros comían con las manos.

El inodoro era asqueroso. Era una jaula que colgaba en la parte trasera del barco. Cuando las olas eran muy altas, nadie podía usarlo. Entonces, usaban el pantoque, donde se acumulaban las aguas que se filtraban por el casco y las paredes del barco. Con el tiempo, el pantoque se convertía en una cloaca. Olía tan mal que les provocaba náuseas.

De todos modos, los hombres hacían su trabajo, sin importar cómo se sintieran. De lo contrario, tendrían que vérselas con Fernando. No les gustaba su capitán general, pero le tenían miedo. Su cabello y barba oscuros lo hacían lucir tan feroz como era: un hombre de pocas palabras que nunca compartía sus pensamientos, que sólo confiaba en sí mismo y en Dios.

El 13 de diciembre, luego de casi tres meses en alta mar, llegaron a lo que hoy es Brasil. Estaban a 5,000 millas de España, en una preciosa bahía cerca de donde hoy está Río de Janeiro. A su alrededor no había más que la selva tropical, con sus maravillosos olores. ¡Qué gran placer poder comer comida fresca y beber el agua helada de los arroyos!

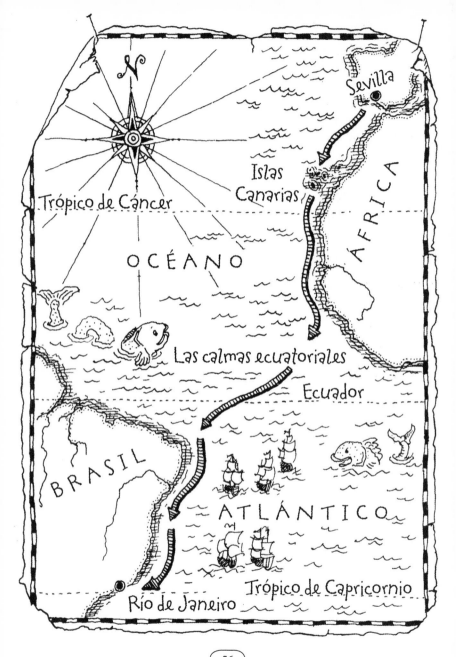

N

Sevilla

Islas
Canarias

ÁFRICA

Trópico de Cáncer

O C É A N O

Las calmas ecuatoriales

Ecuador

BRASIL

A T L Á N T I C O

Trópico de Capricornio

Río de Janeiro

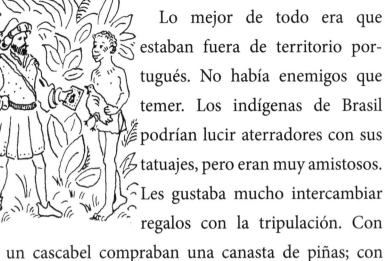

Lo mejor de todo era que estaban fuera de territorio portugués. No había enemigos que temer. Los indígenas de Brasil podrían lucir aterradores con sus tatuajes, pero eran muy amistosos. Les gustaba mucho intercambiar regalos con la tripulación. Con un cascabel compraban una canasta de piñas; con un naipe pagaban por cinco gallinas. Los marineros quisieron probar hasta las extrañas camas de los indígenas: hamacas colgadas de dos árboles.

Estar en Brasil era como estar de vacaciones. Sin embargo, tan pronto pasó la Navidad, Fernando ordenó zarpar nuevamente rumbo al sur. Había que buscar el paso.

Capítulo 6
Congelados

Al comienzo parecía fácil. El 11 de enero de 1520, Fernando divisó una abertura amplia en la costa. ¿Sería el famoso estrecho? Se llenó de confianza.

Sin embargo, la abertura era la desembocadura de un río en lo que hoy es Uruguay. En la zona vivían caníbales. Los marineros estaban atemorizados. Se

volvió a hablar de un motín. Los capitanes españoles lanzaron el rumor de que Fernando no sabía dónde estaba el paso. Lo mejor sería navegar hacia el este, siguiendo la vieja ruta hacia las Molucas.

Fernando se enfureció. No tenía intenciones de abandonar la búsqueda. Era cierto que se estaba haciendo difícil encontrar el estrecho, pero Dios lo ayudaría a ubicarlo. Le dijo a la tripulación que el estrecho estaba un poco más hacia el sur. Luego rezó en silencio porque fuera cierto.

Entonces, continuaron navegando, el *Trinidad*, el *Victoria*, el *Concepción*, el *Santiago* y el *San Antonio*. Esto era completamente nuevo para cualquier europeo. Llegó febrero, y una pizca de invierno refrescó el aire cálido. En la parte sur de Sudamérica, el invierno es de abril a septiembre. Un poco más adelante, el tiempo se puso excepcionalmente frío. No era sólo por el invierno; se estaban aproximando a tierras congeladas.

El cielo era gris y el agua estaba llena de icebergs.

Enormes olas golpeaban los barcos, y había filtraciones por todos lados bajo cubierta. Un viento glacial rasgaba las velas y empujaba las naves haciéndolas retroceder con frecuencia. No se podía cocinar, pues el fuego se apagaba una y otra vez. Primero el granizo y el aguanieve, y luego la nieve, empaparon la ropa de los marineros, congelándoles el cuerpo. Al igual que las velas y las jarcias, el pelo y la barba de los hombres estaban cubiertos del hielo.

Llegó marzo; habían recorrido 1,000 horrendas millas. Hoy sabemos que estaban cerca de la Antártida, pero en aquel entonces no se sabía que existiera un lugar así. La tripulación comenzó a creer que el capitán general estaba loco. El famoso paso no era más que un cuento de hadas. ¡No existía!

Fernando, sin embargo, no pensaba en otra cosa que no fuera llegar al estrecho. *Tenía* que encontrarlo. No había protestas que lo convencieran de regresar. Para demostrar su determinación, trabajó junto a ellos en cubierta. Se esforzó más que cualquiera; hasta se hizo cargo él mismo de timonear el barco. Durante varias semanas, no durmió más que dos horas diarias. Ni siquiera se cambió la ropa.

Recorrieron 600 millas más, pero no había rastro del estrecho. Fernando se dio cuenta de que iban a tener que pasar el resto del invierno en una bahía segura. El 31 de marzo, navegaron sobre olas de 31 pies de altura hasta llegar al puerto San Julián, una bahía gris y rocosa en lo que hoy es Argentina. No había gente en aquella costa; sólo unas aves rechonchas de color blanco y negro, que no volaban. Unos animales de pelaje lustroso y oscuro jugaban en el agua. Hoy sabemos que eran pingüinos y focas, pero Fernando y sus hombres jamás habían visto criaturas como ésas.

La bahía protegió a los barcos del viento y las olas. Sin embargo, la tripulación estaba intranquila. ¿Dónde estaban? Querían volver a casa. De nuevo, los capitanes españoles intentaron amotinarse. A la medianoche del 1.º de abril, 30 hombres armados tomaron el *San Antonio*. Luego cayó el *Victoria*, y después el *Concepción*. Los marineros leales a Fernando fueron encadenados. Parecía que por fin el capitán general había perdido el mando.

Pero Fernando aún contaba con su barco, el *Trinidad*, y el fiel *Santiago*. Su mente rápida y astuta ideó un plan. Cuando se puso el sol y la niebla comenzó a invadir el aire, seis hombres remaron hasta el *Victoria*. Llevaban una carta para su capitán rebelde que decía que Fernando estaba dispuesto a hacer un trato. Junto con aquellos seis marineros, otros 16 se colaron en el *Victoria*. Cuando el capitán se estaba burlando de la carta, uno de los hombres de Fernando lo agarró y lo mató con la espada. Luego colgaron el cuerpo del capitán para que todos los vieran. La tripulación del *Victoria* se rindió. El barco volvía a estar bajo el mando de Fernando.

Los tres barcos que estaban con Fernando ahora bloquearon la bahía. El *San Antonio* y el *Concepción* estaban atrapados; no tenían cómo salir. Fernando había resultado más listo que los capitanes españoles. El motín había terminado.

Para Fernando eso no era suficiente. Quería que todos tuvieran claro que la desobediencia se castigaría con la muerte. Entonces, ordenó que decapitaran el cuerpo del capitán del *Victoria*. El capitán del *Concepción* corrió con la misma suerte.

Después, encadenaron de los tobillos a otros 45 hombres que habían participado en el motín. Durante el resto del invierno, estos marineros fueron forzados a hacer el trabajo más duro y sucio. La sentencia de Juan de Cartagena fue mucho peor: Fernando decidió dejarlo abandonado en aquel desierto de hielo.

Fernando y su tripulación se prepararon para el invierno. Cazaron focas y se cubrieron con sus pieles para mantenerse abrigados. Durante las pocas horas de luz que tenían, construían chozas y reunían leña. También desocuparon los barcos para hacerles las reparaciones que fueran necesarias. Tenían que estar en forma para reanudar la búsqueda del paso.

Fue entonces cuando Fernando hizo un terrible descubrimiento: ¡le faltaba la mitad de la comida y las provisiones! ¡Alguien las había bajado de los barcos antes de que partieran de España!

¿Quién era el responsable? El rey Manuel de Portugal, viejo enemigo de Fernando.

El capitán general y su tripulación tendrían ahora que buscar alimento en esta extraña tierra congelada, donde había una tormenta a diario, si es que querían sobrevivir. Tuvieron suerte. Había patos y aves para cazar, y en el agua había cangrejos y peces; suficiente para alimentar a todos por el resto del invierno.

Pasaron los meses. Fernando y sus hombres no habían visto a nadie que no fuera de la expedición. De pronto, un día de junio, apareció un hombre desnudo. El hombre se echaba arena en la cabeza

mientras cantaba y bailaba. Dicen que era como un gigante; Fernando apenas le llegaba a la cintura. Pero era muy amigable, al igual que los otros de su misma especie que luego fueron apareciendo. Fernando llamó a esta gente "patagones", que quiere decir "los de los pies grandes". Aquellas tierras recibieron luego

el nombre de Patagonia, y así todavía se llaman en nuestros días.

En agosto, por fin el tiempo se puso lo suficientemente cálido para poder partir. "Vamos a buscar el paso hasta que lo encontremos", anunció Fernando a su tripulación. Pero sólo cuatro naves zarparon de la bahía el 24 de agosto. El quinto barco, el *Santiago*, había naufragado en medio de una tormenta unas semanas atrás.

Un fuerte viento empujó al *Trinidad*, al *Victoria*, al *Concepción* y al *San Antonio* mar adentro. Mientras Fernando y sus hombres se alejaban, Cartagena se quedó solo en la costa. No se volvió a saber de él.

Capítulo 7
El Pacífico

A causa del mal tiempo en mar abierto, la expedición no pudo avanzar mucho. Tuvieron que anclar en un río y permanecer allí durante dos meses. Por fin, el aire se calmó. Los días se volvieron tan largos que apenas tenían tres horas de oscuridad. El 18 de

octubre, Fernando dio la orden de zarpar y a los tres días llegaron a una bahía de aguas verde azulosas. Por encima de la rocosa costa se veían los picos nevados de unas montañas tan altas, que sus cimas estaban rodeadas de nubes. Habían llegado a lo que hoy es Chile.

Para los capitanes, esta bella bahía era como un callejón sin salida, pero Fernando tenía una corazonada. Entonces, le ordenó a dos de sus barcos, el *Concepción* y el *San Antonio*, que navegaran hacia el oeste para ver que había al otro lado. Tan pronto como partieron los dos barcos, se desató una enorme tormenta. Inmensas olas se levantaban una tras otra, algunas más altas que los mástiles. El *Trinidad*, el barco de Fernando, estuvo a punto de hundirse. Algunos hombres del Victoria cayeron al agua. El *Concepción* y el *San Antonio* no se veían por ninguna parte. ¿Acaso habían naufragado?

Pasaron dos días. Fernando estaba desesperado. ¡Haber llegado tan lejos sólo para fracasar! Al tercer día, un vigía comenzó a gritar. Dos barcos venían del oeste. ¡Eran el *Concepción* y el *San Antonio*!

Para escapar de la tormenta, navegaron de una bahía a otra y luego a otra... ¡y encontraron el paso!

El descubrimiento significaba que realmente había una manera de bordear la punta sur de América para

salir al otro lado. Si la expedición lograba atravesar el paso, entonces podrían seguir navegando hacia el oeste, hasta llegar a las Molucas.

En los cuatro barcos, los hombres vitoreaban llenos de alegría. Bailaban, se abrazaban, saltaban. Y luego rezaron. Mientras sonaban los cañones, Fernando bajó la cabeza y se persignó. Llamó al paso "Estrecho de todos los santos". Hoy lo conocemos como Estrecho de Magallanes.

Sin embargo, no todas las noticias eran buenas. Los hombres que encontraron el estrecho dijeron que era angosto y que estaba lleno de callejones sin salida. Atravesar el estrecho iba a tomar mucho tiempo y sería peligroso. Si tomaban un camino equivocado, podrían durar semanas perdidos.

Los capitanes le dijeron a Fernando que lo mejor
sería no continuar. Los hombres estaban cansados.
Tenían pocas provisiones. Le sugirieron que tomara
posesión del estrecho en nombre del rey de España,
pero que no continuara el viaje.

Fernando se negó. Para él,
no continuar era una locura.
Les dijo, a gritos, que navegarían por el estrecho hasta
salir nuevamente al mar,
"aunque no tengamos para
comer nada más que las
envolturas de cuero de nuestros mástiles".

De manera que entraron
en el estrecho, atravesando las
tres bahías. A ambos lados se
levantaban muros de granito
de miles de pies de altura.
Llegaron a una bifurcación.

¿Hacia dónde ir ahora? Fernando ordenó que el *Concepción* y el *San Antonio* fueran por un lado. Su *Trinidad* y el *Victoria* irían por el otro.

La ruta por donde iba el capitán general estaba llena de una densa neblina. Del agua salían rocas delgadas, afiladas como clavos. El barco de Fernando y el *Victoria* continuaron navegando por días, con el mayor cuidado posible. Por fin, se divisaron montañas llenas de bosques de pinos y cascadas. ¿Se estarían acercando al mar?

Fernando envió a un grupo a explorar. Los exploradores regresaron tres días después. ¡Habían llegado hasta el final del estrecho! ¡Más adelante estaba el mar abierto!

Fernando estalló en llanto. No le importaba que lo vieran llorar. El paso sí conducía al mar. Al otro lado del estrecho estaban las islas Molucas. ¡Había encontrado la ruta del oeste!

Fernando regresó para darles las buenas noticias al *Concepción* y al *San Antonio*, pero sólo encontró al *Concepción*. Había estallado un motín en el *San Antonio*, y el barco estaba regresando a España. La noticia afectó mucho a Fernando, pues el *San Antonio* era su barco más grande. Pero, sobre todo, porque era el que llevaba la mayor cantidad de provisiones. Sin el *San Antonio*, no iban a tener suficiente comida.

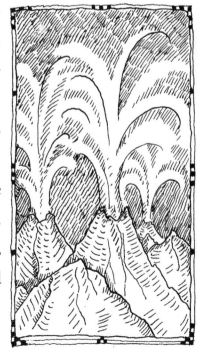

Sin embargo Fernando no aceptó la derrota. Él y su tripulación cazaron, pescaron y se abastecieron de alimentos. Luego continuaron navegando, y pasaron por un lugar en el que resplandecían ráfagas de luz. Era como si hubiera miles de incendios juntos. Fernando llamó el lugar Tierra del Fuego. Hoy sabemos que aquellas llamaradas vienen de los cráteres de volcanes.

El 28 de noviembre, los barcos trataban de abrirse camino en medio de aguas agitadas. De repente, se encontraron en medio de un océano de un azul infinito. ¡Éste debe ser el mar que Balboa había visto siete años atrás, al cual llamó el Mar del Sur! Era tan tranquilo; apenas unas pequeñas ondas rizaban ligeramente la superficie del agua.

Hacía 38 días que habían entrado al paso. Ahora, 330 millas después, tres barcos habían logrado llegar al otro lado. Fernando estaba seguro de que en cuestión de unos tres o cuatro días estarían en las islas Molucas.

Fernando no tenía ni idea de lo grande que era este océano.

Los hombres se reunieron en la cubierta a rezar. Fernando gritó, observando el mar: "Que el océano sea siempre tan tranquilo y benevolente como está hoy. Con esta esperanza, lo bautizo *Mar Pacífico*.

El Pacífico. De haber sabido lo que venía, Fernando habría elegido otro nombre. Estaban a punto de cruzar el océano más grande de la Tierra, el que cubre cerca de un tercio del globo, y cuyas aguas están llenas de peligros.

Capítulo 8
El cruce del océano

Durante diciembre, Fernando esperó ver las Molucas. Navegaron hacia el norte, y luego hacia el oeste. No había más que agua. Ni tierra, ni pájaros; sólo tiburones. El cielo nocturno era extraño. Fernando no podía reconocer las estrellas.

Pasaron seis semanas. El mar seguía tranquilo, pero a bordo comenzaron otra vez los problemas. Como no tenían nada que hacer, todos estaban aburridos e irritables. Se desataron peleas. Y lo que es peor: se estaban acabando las provisiones.

Fernando se puso pesimista. El 20 de enero de 1521, le dio un ataque de furia. Agarró sus cartas náuticas y las arrojó por la borda. ¿Para qué le servían, si no podía encontrar las

Molucas? Estaba atrapado en este mar interminable.

De repente, la poca agua potable que les quedaba se puso amarilla. Olía tan mal, que tenían que taparse la nariz mientras bebían. Sólo quedaba agua para un trago al día.

La comida también se estaba echando a perder. Las galletas se habían desmoronado, convirtiéndose en un polvo lleno de gusanos. La carne estaba tan podrida que brillaba en la oscuridad. También estaba llena de gusanos. No obstante, los marineros se comieron la comida que quedaba, y cuando se acabó, comenzaron a comer trozos de madera, aserrín y cuero asado a las brasas. Luego comieron ratas.

En este punto, toda la tripulación estaba enferma. Como no habían comido frutas ni verduras frescas durante meses, les dio escorbuto. El escorbuto es una enfermedad causada por la falta de vitamina C. Las encías les comenzaron a sangrar, se les pusieron azules y luego se les hincharon. Los dientes se les caían cuando trataban de masticar. Tenían grandes círculos negros alrededor de los ojos. Sus delgados cuerpos estaban llenos de llagas. Les salía sangre por la nariz. Se les hincharon los codos, las rodillas y los tobillos. Un tercio de la tripulación estaba tan débil, que no podía caminar. Uno a uno, fueron muriendo, y los iban arrojando al mar.

Fernando, sin embargo, no se veía enfermo. Algunos historiadores creen que tenía escondidas sus propias provisiones de mermelada de frutas, que es rica en vitamina C. De ser cierto, ¿por qué no la compartía? ¿Simplemente por egoísmo? Quizás sí. Quizás no. Él era el capitán general y era su deber dirigir la expedición. Para cumplir con su misión tenía que estar saludable. De cualquier manera, Fernando sabía que si no conseguían comida pronto, él también iba a morir.

Entonces, sucedió un milagro. El 25 de enero, divisaron una pequeña isla. No tenía árboles ni

fuentes de agua dulce; pero había peces, cangrejos y aves. ¡Mucha comida! Cuando llovió, recogieron el agua en barriles para tener qué beber.

Una vez más, los barcos zarparon con la esperanza de estar cerca de las Molucas. Pero pasaron otras seis semanas, y volvieron a quedarse sin comida. Como estaban cerca de la línea del Ecuador, el sol abrasaba la cubierta. Ya habían muerto 29 marineros, y la mayoría de los sobrevivientes no podía ni moverse.

A comienzos de marzo, Fernando y sus hombres se comieron las últimas migas de galletas y aserrín, y se tomaron el último trago de agua dulce. Todos

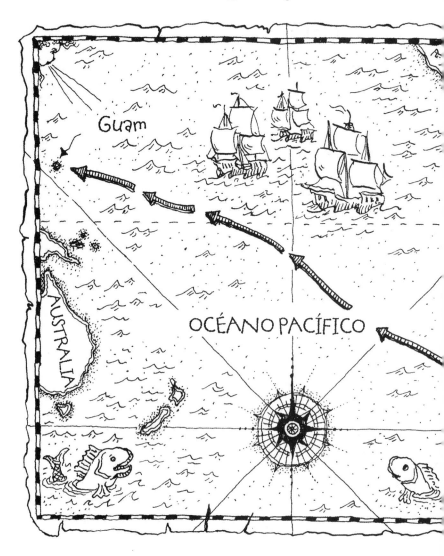

iban a morir de hambre si no tocaban tierra pronto.
En los últimos 98 días habían navegado 9,000 millas
y ahora estaban más perdidos que nunca. Sólo había

un hombre con la fuerza suficiente para trepar hasta la cofa del vigía. Cuando el marinero llegó a la punta del mástil, no podía creer lo que veía: en medio de la neblina aparecieron tres islas con montañas verdes y cascadas. "¡Alabado sea Dios! ¡Tierra! ¡Tierra! ¡Tierra!", gritó. Esas islas eran lo que hoy llamamos Guam. Los hombres se arrastraron hasta la baranda, rezando, llorando y abrazándose unos a otros.

Capítulo 9
La última batalla

Luego de reabastecerse en Guam, los barcos continuaron avanzando y avanzando hacia el oeste. Cuando llegaron a un grupo de islas que forman parte de lo que hoy es Filipinas, habían recorrido en total 17,000 millas desde que salieron de España.

Fernando tomó posesión de las islas en nombre del rey de España. En una de ellas había tanto oro que todos los indígenas tenían un brazalete de oro. El jefe tenía una daga con un mango de oro sólido, y tenía un diente forrado en oro.

¡Aquí había una oportunidad de hacer una

fortuna! Mientras el capitán general hablaba con el jefe para convencerlo de hacer negocios con España, sus hombres repartieron espejos, cascabeles y telas de colores entre los indígenas, a cambio de oro, perlas y comida.

Fernando también quería parte de las riquezas. Sin embargo, durante la larga y peligrosa travesía, se había convencido de que había algo más importante que el oro y las especias. Creía que era su deber llevarles Dios y el cristianismo a los indígenas. Se sentía impulsado a salvar almas y predicar acerca de Jesús. En una sola isla, llegó a bautizar a 2,200 personas. Pero Fernando no estaba satisfecho. Quería que todos reconocieran que su Dios era el supremo.

En una de las islas, el jefe se rehusó a aceptar la religión de Fernando. Tampoco quiso aceptar la autoridad del rey de España. Fernando juró combatir por su religión y por su rey. Estaba convencido de que Dios lo protegería por hacer algo así.

¿Estaba Fernando perdiendo la razón? Sus oficiales le rogaron que desistiera de luchar, pero él les dijo: "Sólo me acompañarán voluntarios. Veremos entonces quién confía en Dios".

A la medianoche del 27 de abril, Fernando y 60
hombres vestidos de armadura subieron a tres botes.
Comenzaron a remar hacia la isla del jefe. No bien
habían partido, escucharon el graznido de un cuervo.
Era una señal de mal agüero.

Permanecieron toda la noche en los botes, espe-
rando el amanecer. Sin embargo, las primeras luces

de la mañana revelaron algo terrible: sobre la playa los esperaba una armada de 1,500 indígenas, listos para luchar.

Como siempre, Fernando tenía un plan. Once de sus hombres se quedaron en los botes, y él saltó al agua con los otros 49. El agua les llegaba hasta la cintura, y las pesadas armaduras dificultaban el avance entre las olas. Llegaron agotados a la playa.

Los recibió una lluvia de flechas envenenadas, lanzas y piedras. Las armas rebotaron al golpear las armaduras. De todas maneras, los hombres de Fernando estaban aterrorizados. Había cientos de soldados indígenas luchando con fiereza. Una flecha envenenada alcanzó a Fernando en una pierna, y éste se vio forzado a ordenar la retirada. En medio de su lucha por huir, llenaron los botes de agua. Volcaron

uno de los botes, y comenzaron a pelearse por agarrar un espacio en los demás.

Cojeando, a causa de la herida, Fernando se mantuvo en la playa, cubriéndolos. Él y ocho de sus hombres más leales contuvieron el avance de los indígenas durante una hora.

Era su última batalla. Los soldados indígenas seguían llegando. Le tumbaron el casco con piedras. Luego, le dieron con una lanza en la cara. Otra le hizo una herida tan profunda en el brazo derecho, que ya no pudo sostener más la espada. Luego, lo hirieron en la pierna izquierda, y Fernando cayó al agua, con la cara entre las olas. Se le fueron encima tantos indígenas que Fernando desapareció de la vista de sus hombres. Uno de ellos más tarde escribió: "Así mataron a nuestro espejo, nuestra luz, nuestro consuelo y nuestro verdadero y único guía".

Nunca se encontró el cuerpo de Fernando de Magallanes.

Capítulo 10
El final de la travesía

El 8 de noviembre de 1521, más de dos años después de haber salido de España, el *Trinidad* y el *Victoria* llegaron por fin a las islas Molucas. Tres meses más tarde, el *Victoria* zarpó rumbo a España cargado de especias.

El barco llegó, casi convertido en un fantasma, el 6 de septiembre de 1522. Después de recorrer 27,000 millas, la nave estaba podrida y llena de filtraciones. De su tripulación sólo sobrevivieron 18 marineros. Sin embargo, en España no esperaban que nadie regresara. Hacía mucho tiempo que habían dado

por muertos a todos los hombres de la expedición de Fernando. Sin embargo, los pocos sobrevivientes habían logrado la meta de Fernando de Magallanes: circunnavegar el mundo.

Los hombres fueron recibidos como héroes. El rey Carlos los invitó a su palacio. Pero las especias que trajeron apenas valían lo suficiente como para cubrir los gastos del viaje. A pesar de que fue la esperanza de adquirir muchas riquezas lo que había lanzado a Fernando en su aventura por el mar, su viaje en realidad no produjo ninguna ganancia.

El *Trinidad* salió de las Molucas en abril de 1522. Sin embargo, tres meses después, la tripulación comenzó a padecer escorbuto, y tuvieron que regresar a las islas. No fue sino hasta 1525 que el *Trinidad*, con sólo 4 sobrevivientes, regresó por fin a España.

¿Y el capitán general, Fernando de Magallanes? Muy pronto lo olvidaron. Su esposa y su hijo habían muerto. Fernando había muerto en la mitad de la travesía. La mayoría de sus hombres hablaban mal de él, las pocas veces que mencionaban su nombre.

La expedición se consideró un fracaso. La nueva ruta era larga y difícil, y no les había producido dinero a los comerciantes. Otros capitanes que partieron siguiendo la misma ruta ni siquiera encontraron el Estrecho de Magallanes. Con el tiempo, el rey Carlos le vendió a Portugal los derechos sobre las Molucas.

El largo viaje parecía haber servido de muy poco.

En realidad, había servido de mucho. Ahora, se sabía que el mundo era mucho más grande de lo que se pensaba. Por primera vez, había pruebas de que

los océanos Pacífico y Atlántico estaban conectados. Y había una prueba contundente de que la Tierra era redonda… y estaba cubierta de tanta agua que era posible darle la vuelta en barco.

Con el paso de los años, la gente se comenzó a dar cuenta de lo valiente que había sido Magallanes. Este hombre pequeño y feroz había cambiado lo que se sabía acerca del mundo. Comenzó una nueva era de exploraciones y viajes por todo el Océano Pacífico. Se hicieron nuevos mapas y se comenzaron a usar los globos terráqueos. Las grandes civilizaciones de Europa, Asia y el Pacífico se acercaron.

Todo esto lo había iniciado Fernando. Hoy, Fernando de Magallanes es famoso por haber sido un gran marinero, un navegante genial y un valiente explorador. También mató, y era un hombre intolerante. Todas las personas tenían que tener sus mismas creencias religiosas. Pero su comportamiento era el típico de la época. Fernando de Magallanes navegó miles de millas para morir sin propósito alguno en una playa desconocida. Sin embargo, aunque no completó su viaje, es reconocido, y con razón, como el primer hombre que circunnavegó el mundo.

FERNANDO de MAGALLANES

LÍNEA CRONOLÓGICA DE LA VIDA DE MAGALLANES

1480	Año en que probablemente nació Fernando.
1492	Fernando es nombrado paje de la reina Leonora.
1496	Fernando se convierte en funcionario del gobierno y ayuda a organizar expediciones.
1505	Fernando participa en la guerra contra los árabes.
1509	Fernando es herido por primera vez.
1510	Fernando trata de regresar a Portugal, pero su barco naufraga.
1512	Año en que probablemente viajó a las Filipinas por primera vez.
1515	Fernando es herido por segunda vez, y le queda una cojera permanente.
1516	El rey de Portugal se niega a enviar a Fernando en una expedición.
1517	Fernando abandona Portugal para siempre y se muda a España.
1518	El rey de España decide financiar el viaje de Fernando a las islas Molucas por el oeste.
1519	Fernando y sus hombres zarpan en busca de "el paso", el pasaje a las Molucas por el oeste.
1520	Fernando frustra una tentativa de motín, pasa el invierno cerca de la Antártida y le da el nombre a la Patagonia.
1520	Fernando encuentra el paso, y le da el nombre al Océano Pacífico.
1521	Fernando toma posesión de las Filipinas en nombre de España, y muere en batalla.
1522	El barco de Fernando, el Victoria, regresa a España, luego de haber circunnavegado el mundo por primera vez.

Línea cronológica del Mundo

El portugués Bartolomeo Dias se convierte en el primer europeo en navegar alrededor del Cabo de Buena Esperanza, la punta sur de África.	1488
Cristóbal Colón se convierte en el primer europeo en llegar al Nuevo Mundo.	1492
Se firma el Tratado de Tordesillas, que dividió el mundo entre España y Portugal.	1494
El portugués Vasco de Gama halla una ruta marítima a la India.	1498
Juan Caboto, de Inglaterra, explora la costa este de América del Norte.	1498
Portugal toma posesión de Brasil.	1500
El portugués Américo Vespucio explora lo que hoy es América del Sur.	1501
El Nuevo Mundo recibe el nombre de "América".	1507
Balboa se convierte en el primer europeo en ver el Océano Pacífico, al cual llamó "Mar del Sur".	1513
El español Juan Ponce de León explora la Florida.	1513
Comerciantes portugueses llegan a China.	1520
Fernando de Magallanes se convierte en el primero en navegar por el Océano Pacífico.	1521
El español Hernán Cortés conquista a los aztecas en México.	1521
La tripulación de Magallanes termina la primera circunnavegación del mundo.	1522
El español Francisco Pizarro conquista Perú.	1531
El francés Jacques Cartier llega a Quebec, en Canadá.	1541
El español Hernando de Soto navega por el río Mississippi.	1541
Los portugueses se convierten en los primeros europeos en llegar a Japón.	1542
El inglés Sir Francis Drake realiza la segunda circunnavegación del mundo.	1580

Colección ¿Qué fue...? / ¿Qué es...?

El Álamo
La batalla de Gettysburg
El Día D
La Estatua de la Libertad
La expedición de Lewis
y Clark
La Fiebre del Oro
La Gran Depresión

La isla Ellis
La Marcha de Washington
El Motín del Té
Pearl Harbor
Pompeya
El Primer Día de Acción
de Gracias
El Tren Clandestino

Colección ¿Quién fue...? / ¿Quién es...?

Albert Einstein
Alexander Graham Bell
Amelia Earhart
Ana Frank
Benjamín Franklin
Betsy Ross
Fernando de Magallanes
Franklin Roosevelt
Harriet Beecher Stowe
Harriet Tubman
Harry Houdini
Los hermanos Wright
Louis Armstrong

La Madre Teresa
Malala Yousafzai
María Antonieta
Marie Curie
Mark Twain
Nelson Mandela
Paul Revere
El rey Tut
Robert E. Lee
Roberto Clemente
Rosa Parks
Tomás Jefferson
Woodrow Wilson